5年生

漢字マスターへの道

練習が終わった漢字をなぞって、日付を書こう。
ゴールをめざせ！

スタート

圧囲移 月 日	月 日	月 日	益液 月 日	演応往 月 日	桜可 月 日	仮価河 月 日
技義 月 日	寄規喜 月 日	紀基 月 日	幹慣眼 月 日	額刊 月 日	解格確 月 日	過快 月 日
逆久旧 月 日	救居 月 日	許境均 月 日	禁句 月 日	型経潔 月 日	件険 月 日	復習ドリル1 月 日
告混査 月 日	興講 月 日	航鉱構 月 日	厚耕 月 日	個護効 月 日	減故 月 日	検限現 月 日
再災 月 日	妻採際 月 日	在財 月 日	罪殺雑 月 日	酸賛 月 日	士支史 月 日	志枝 月 日
復習ドリル2 月 日	準序 月 日	修述術 月 日	謝授 月 日	識質舎 月 日	示似 月 日	師資飼 月 日
招証象 月 日	賞条 月 日	状常情 月 日	織職 月 日	制性政 月 日	勢精 月 日	製税責 月 日
貸態 月 日	属率損 月 日	則測 月 日	造像増 月 日	素総 月 日	設絶祖 月 日	績接 月 日
団断築 月 日	貯張 月 日	停提程 月 日	適統 月 日	堂銅導 月 日	得毒 月 日	復習ドリル3 月 日
布婦武 月 日	評貧 月 日	非費備 月 日	比肥 月 日	犯判版 月 日	能破 月 日	独任燃 月 日
復複 月 日	仏粉編 月 日	弁保 月 日	墓報豊 月 日	防貿 月 日	暴脈務 月 日	夢迷 月 日
ゴール	学年総復習テスト 月 日	復習ドリル4 月 日	歴 月 日	留領 月 日	容略 月 日	綿輸余 月 日

これで漢字マスターだ！

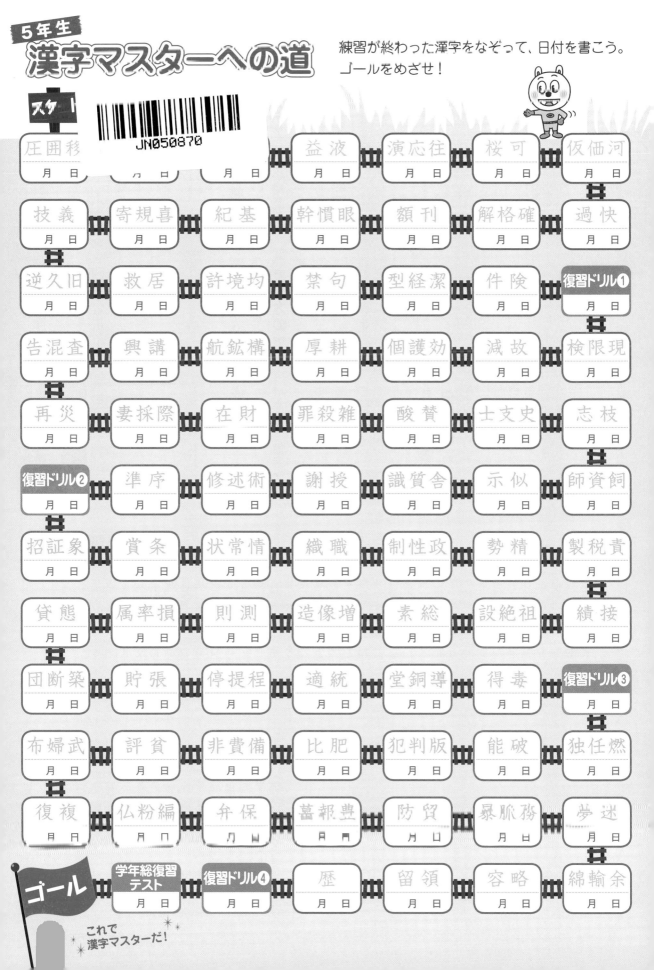

このドリルの特長と使い方

このドリルは、「小学漢字一〇二六字の正しい書き方　新装四訂版《しんそうよんていばん》」であつかった五年生で学ぶ漢字を「正しく」書けるようになることを目的としています。

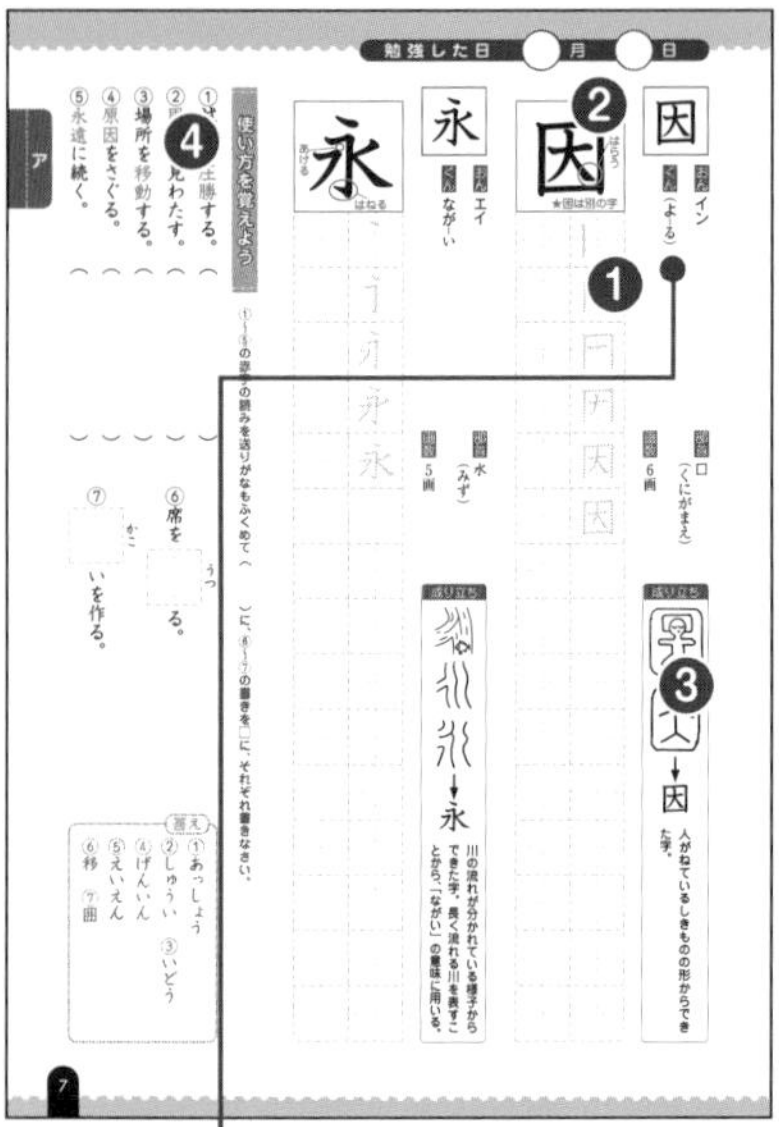

❶ 書き順は省略《しょうりゃく》せずにすべて書いてあるので、正しい書き順で漢字を書けるようになります。赤色の画《かく》をなぞって覚えましょう。

❷ 教科書の字体を手本としたときの**書き方のポイント**が書いてあるので、正しい書き方を学ぶことができます。

❸ 成り立ちや意味がくわしくのっているので、漢字を覚える助けになります。内容《ないよう》は「旺文社《おうぶんしゃ》漢字典」を参考にしています。

❹ 例文を用いた問題で、その**漢字の使い方**がわかるようになります。

（　）は中学校以上で習う読み、――は特別な読み、訓読みの「-」の下は送りがなです。部首の分類や名前は辞書によってことなることがあります。

小学漢字一〇二六字の正しい書き方　新装四訂版

いっしょに使おう！

もくじ

編集協力／有限会社マイプラン 湯川善之・藤江美香　校正／有限会社編集室ビーライン
装丁デザイン／株式会社しろいろ　装丁イラスト／おおの麻里　本文デザイン／ブラン・グラフ 大滝奈緒子　本文イラスト／南澤孝男

音訓さくいん

●この本にのっている漢字の読み方を五十音順にならべました。
●カタカナは音読み、ひらがなは訓読みです。 ●「―」の下の字は送りがなです。
●漢字の下の数字が、その漢字ののっているページです。

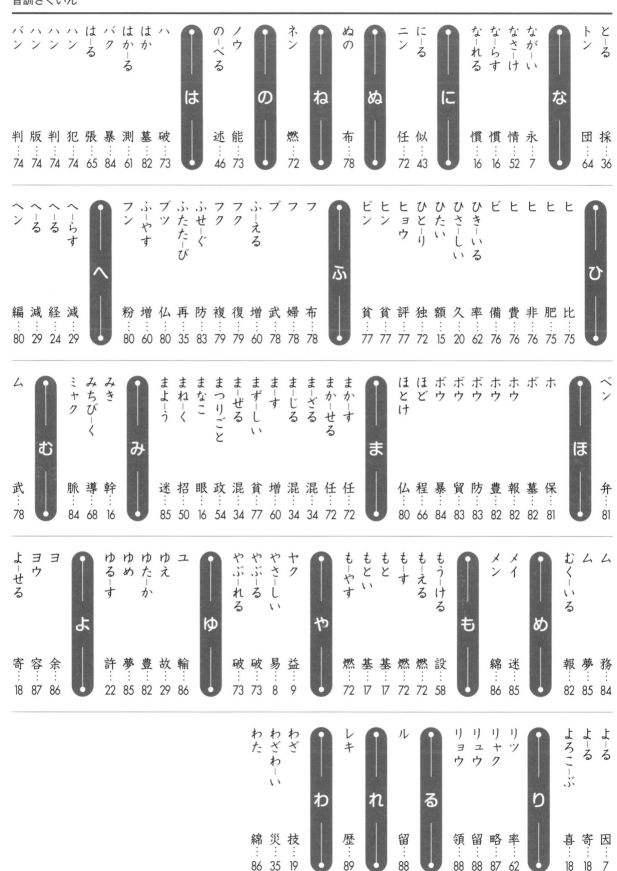

圧

おん　アツ
くん　――

圧
上の横ぼうより長く

部首　土（つち）
画数　5画

意味
土でおさえてふさぐ意味を表した字で、「おさえる」意味に用いる。

囲

おん　イ
くん　かこ―む
かこ―う

囲
上より長く
はらう

部首　囗（くにがまえ）
画数　7画

注意点
部首が「囗（くにがまえ）」であることに注意する。

移

おん　イ
くん　うつ―る・うつ―す

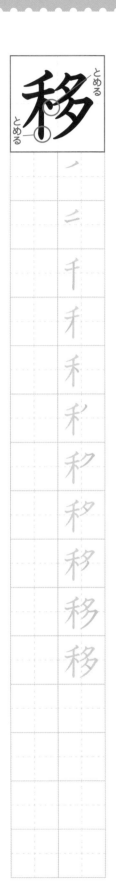

移
とめる
とめる

部首　禾（のぎへん）
画数　11画

注意点
使い方に注意する。
・つくえを他の場所に移《うつ》す。
・写真を写す。　・スクリーンに映《うつ》す。

因

はらう

おん　イン
くん　（よ-る）
部首　口（くにがまえ）
画数　6画

成り立ち
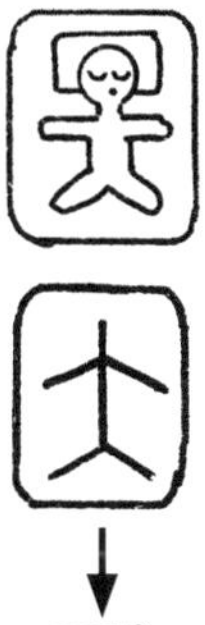
人がねているしきものの形からできた字。

永

あける
はねる

おん　エイ
くん　なが-い
部首　水（みず）
画数　5画

成り立ち

川の流れが分かれている様子からできた字。川が長く流れることから、「ながい」の意味を表す。

使い方を覚えよう

①〜⑤の赤字の読みを送りがなもふくめて（　）に、⑥〜⑦の書きを□に、それぞれ書きなさい。

① 試合に圧勝する。（　　）
② 周囲を見わたす。（　　）
③ 場所を移動する。（　　）
④ 原因をさぐる。（　　）
⑤ 永遠に続く。（　　）
⑥ 席を□《うつ》る。
⑦ □《かこ》いを作る。

答え
①あっしょう　②しゅうい　③いどう　④げんいん　⑤えいえん　⑥移　⑦囲

ア

営

おん　エイ
くん　いとな-む

⺍としない
上の口より大きく

部首　⺍（つ）
画数　12画

注意点
同じ音《おん》で形の似《に》た字に注意する。
営…住まい。いとなむ。
栄…木がしげってさかえる

衛

おん　エイ
くん　——

五ではない
はねる

部首　行（ゆきがまえ・ぎょうがまえ）
画数　16画

注意点
部首が「行（ゆきがまえ・ぎょうがまえ）」であることに注意する。

易

おん　エキ・イ
くん　やさ-しい

昜としない

部首　日（ひ）
画数　8画

注意点
対語は「難《なん》」。
書くときは、「昜」としないように注意する。

益

おん　エキ・(ヤク)
くん　―
部首　皿(さら)
画数　10画

ソ・ソとしない
出す

成り立ち

皿と、そこからあふれ出る水の様子を表した字。「あふれる」意味から、「増《ま》す」の意味を表す。

液

おん　エキ
くん　―
部首　氵(さんずい)
画数　11画

まっすぐ下につける

成り立ち

「氵」(水)に、一つ一つ続く意味と音を表す「夜」を合わせた字。液体《えきたい》の意味に用いる。

使い方を覚えよう

①〜⑤の赤字の読みを送りがなもふくめて(　)に、⑥〜⑦の書きを□に、それぞれ書きなさい。

①農業を営む。(　)
②人工衛星(　)
③安易な考え。(　)
④利益を得る。(　)
⑤血液を採取《さいしゅ》する。(　)
⑥□《やさ》しい問題。
⑦会社を□□《うんえい》する。

答え
①いとなむ　②えいせい　③あんい　④りえき　⑤けつえき　⑥易　⑦運営

ア

演

おん　エン
くん　―
部首　氵（さんずい）
画数　14画

つき出さない
とめる

注意点
書くときは、「寅」のたてぼうをつき出さないように注意する。

応

おん　オウ
くん　こた-える
部首　心（こころ）
画数　7画

軽くはらう
はねる

注意点
読みに注意する。「反応」「順応」は、特別に「はんのう」「じゅんのう」と読む。

往

おん　オウ
くん　―
部首　彳（ぎょうにんべん）
画数　8画

点の向きに注意
亻としない

注意点
書くときは、「彳」を「亻」としないように注意する。

桜

おん（オウ）
くん　さくら

部首　木（きへん）
画数　10画

点の打ち方に注意。
⺌としない
とめる

一　十　才　木　木'　木''　木'''　桜　桜　桜

注意点
書くときは、「⺍」を「⺌」「丷」としないように注意する。

可

おん　カ
くん　——

部首　口（くち）
画数　5画

出す
はねる

一　丁　可　可　可

注意点
「句《く》」と形が似《に》ているので注意する。

使い方を覚えよう

①〜⑤の赤字の読みを送りがなもふくめて（　）に、⑥〜⑦の書きを□に、それぞれ書きなさい。

①ドラマに出演する。（　　）
②来客に応対する。（　　）
③右往左往する。（　　）
④桜の花。（　　）
⑤案を可決する。（　　）

⑥ はん のう □□がない。

⑦主役を え ん □じる。

答え
①しゅつえん
②おうたい
③うおうさおう
④さくら　⑤かけつ
⑥反応　⑦演

ア
カ

仮

おん カ・(ケ)
くん かり

仮
そろえる

部首 亻(にんべん)
画数 6画

注意点
「カ」は音読み、「かり」は訓読みであることに注意する。

価

おん カ
くん (あたい)

価
西としない

部首 亻(にんべん)
画数 8画

注意点
書くときは、「覀」を「西」としないように注意する。

河

おん カ
くん かわ

河
出す
はねる

部首 氵(さんずい)
画数 8画

意味
大きく折れ曲がった川、中国の黄河《こうが》を表した字で、大きな「かわ」の意味に用いる。

過

おん カ
くん す-ぎる・す-ごす（あやま-つ）・（あやま-ち）

部首 辶（しんにょう・しんにゅう）
画数 12画

成り立ち
「辶」（歩く）に、多いという意味と音《おん》を表す「咼」を合わせた字。行きすぎることから、「度をこす」意味を表す。

過（同としない）

快

おん カイ
くん こころよ-い

部首 忄（りっしんべん）
画数 7画

意味
「忄」は心を、「夬」は音を表す。心がひろびろとして「こころよい」意味を表す。

快（出す・とめる）

使い方を覚えよう

①〜⑤の赤字の読みを送りがなもふくめて（　）に、⑥〜⑦の書きを□に、それぞれ書きなさい。

①仮の住まい。（　　）
②商品の定価。（　　）
③運河をほる。（　　）
④時間が過ぎる。（　　）
⑤快い風がふく。（　　）
⑥□□《かめん》をかぶる。
⑦□□《かこ》と未来。

答え
①かり　②ていか　③うんが　④すぎる　⑤こころよい　⑥仮面　⑦過去

解

おん　カイ・（ゲ）
くん　と-く・と-かす
　　　と-ける

部首　角（つのへん）
画数　13画

⺈としない
出す
はねる

成り立ち
角がある牛の体を刀で分解《ぶんかい》することを表した字で、「とく」という意味を表す。

格

おん　カク・（コウ）
くん　――

部首　木（きへん）
画数　10画

くっつけない
とめる

注意点
書くときは、「各」を「名」としないように注意する。

確

おん　カク
くん　たし-か
　　　たし-かめる

部首　石（いしへん）
画数　15画

隺としない

意味
かたい石を表したことから、「かたい」「たしか」の意味に用いる。

額

おん　ガク
くん　ひたい
部首　頁（おおがい）
画数　18画

とめる　とめる

額額額

成り立ち
「頁」（顔）に、かたい意味と音《おん》を表す「客」を合わせた字。顔面の固い部分、「ひたい」の意味を表す。

刊

おん　カン
くん　――
部首　刂（りっとう）
画数　5画

はねない　はねる

注意点
使い方に注意する。
×週間誌《し》　一週刊
○週刊誌　一週間

使い方を覚えよう

①～⑤の赤字の読みを送りがなもふくめて（　）に、⑥～⑦の書きを□に、それぞれ書きなさい。

①解答を導《みちび》く。（　　）
②試験に合格する。（　　）
③確実に行う。（　　）
④額が広い。（　　）
⑤新聞の朝刊。（　　）

⑥問題を□《と》く。
⑦答えを□《たし》かめる。

答え
①かいとう　②ごうかく　③かくじつ　④ひたい　⑤ちょうかん　⑥解　⑦確

幹

おん　カン

くん　みき

部首　干（かん・いちじゅう）

画数　13画

注意点

部首が「干（かん・いちじゅう）」であることに注意する。

慣

おん　カン

くん　な-れる　な-らす

部首　忄（りっしんべん）

画数　14画

成り立ち

忄（心）＋貫（つらぬく意味と音《おん》を表す）＝慣（なれる）

眼

おん　ガン・（ゲン）

くん　（まなこ）

部首　目（めへん）

画数　11画

成り立ち

「目」に、まるい意味と音を表す「艮」を合わせた字。まるい目玉の意味を表す。

紀

おん　キ
くん　―
部首　糸（いとへん）
画数　9画

注意点
書くときは、「己」を「巳」としないように注意する。

基

おん　キ
くん　（もと）（もとい）
部首　土（つち）
画数　11画

成り立ち
「土」に、台の意味と音を表す「其」を合わせた字。土を固めた土台、「もとい」の意味を表す。

使い方を覚えよう

①～⑤の赤字の読みを送りがなもふくめて（　）に、⑥～⑦の書きを□に、それぞれ書きなさい。

① 木の幹。（　）
② 読書の習慣。（　）
③ 眼科に行く。（　）
④ 世紀の大発見。（　）
⑤ 基本の練習。（　）

⑥ □□□《しんかんせん》に乗る。
⑦ 明るさに目が□《な》れる。

答え
① みき
② しゅうかん
③ がんか
④ せいき
⑤ きほん
⑥ 新幹線
⑦ 慣

カ

寄

まっすぐ下につける
はねる

おん　キ
くん　よ-る　よ-せる

部首　宀（うかんむり）
画数　11画

成り立ち

「宀」（家）に、よる意味と音《おん》を表す「奇」を合わせた字。家に身を「よせる」意味を表す。

規

とめる
角をつけずに曲げて上にはねる

おん　キ
くん　―

部首　見（みる）
画数　11画

注意点

書くときは、「見」を「貝」としないように注意する。

喜

短く
やや長く

おん　キ
くん　よろこ-ぶ

部首　口（くち）
画数　12画

注意点

送りがなに注意する。
×喜こぶ
○喜ぶ

技

おん　ギ
くん　（わざ）

技（あける・はねる）

部首　扌（てへん）
画数　7画

成り立ち
「扌」（手）に、わかれる意味と音を表す「支」を合わせた字。細かく分かれた「わざ」の意味を表す。

義

おん　ギ
くん　―

義（はねる・はねる）

部首　羊（ひつじ）
画数　13画

注意点
部首が「羊（ひつじ）」であることに注意する。

使い方を覚えよう

①～⑤の赤字の読みを送りがなもふくめて（　）に、⑥～⑦の書きを□に、それぞれ書きなさい。

①波が寄せる。（　　）
②規格に合わせる。（　　）
③勝利を喜ぶ。（　　）
④特技をひろうする。（　　）
⑤義理がたい人。（　　）

⑥本を□□《きふ》する。
⑦□□《おおよろこ》びする。

答え
①よせる　②きかく
③よろこぶ
④とくぎ
⑤ぎり
⑥寄付　⑦大喜

逆

出さない

おん　ギャク
くん　さか
さか-らう

部首　辶（しんにょう・しんにゅう）
画数　9画

意味
来る人と反対向きに進んで人を「むかえる」意味を表し、「さからう」意味に用いる。

久

あまり長くしない

おん　キュウ・(ク)
くん　ひさ-しい

部首　ノ（の）
画数　3画

成り立ち

「人」の後ろに、ひく様子を加えてできた字。

旧

とめる

おん　キュウ
くん　——

部首　日（ひ）
画数　5画

注意点
書くときは、「|」と「日」の間をあけすぎないように注意する。

救

おん　キュウ
くん　すく-う

点をわすれない
はねる

部首　攵（ぼくにょう・のぶん）
画数　11画

注意点
使い方に注意する。
×急救車
○救急車

居

おん　キョ
くん　い-る

とじない

部首　尸（しかばね・しかばねかんむり）
画数　8画

成り立ち
「尸」（尻《しり》）に、よる意味と音《おん》を表す「古」を合わせた字。しりを落ち着けて動かない意味から、「いる」意味を表す。

使い方を覚えよう

①～⑤の赤字の読みを送りがなもふくめて（　）に、⑥～⑦の書きを□に、それぞれ書きなさい。

① 流れに逆らう。（　　）
② 久しぶりに会う。（　　）
③ 新旧の役員。（　　）
④ 救急車をよぶ。（　　）
⑤ 住居をかえる。（　　）
⑥ □□（い　ま）でくつろぐ。
⑦ □□（ぎゃく　てん）して勝つ。

答え
①さからう　②ひさし
③しんきゅう
④きゅうきゅうしゃ
⑤じゅうきょ
⑥居間　⑦逆転

許

おん　キョ
くん　ゆる-す

つき出さない
点の向きに注意

部首　言（ごんべん）
画数　11画

注意点
書くときは、「午」を「牛」としないように注意する。

境

おん　キョウ・（ケイ）
くん　さかい

まっすぐ下につける
角をつけずに曲げて上にはねる

部首　土（つちへん・どへん）
画数　14画

成り立ち
「竟」はさかい、区切りを表す。「土」（土）と合わせて土地のさかい目を表すことから、場所の意味を表す。

均

おん　キン
くん　――

勹としない

部首　土（つちへん・どへん）
画数　7画

成り立ち
「土」（土）と「匀」（平らにそろえる）とで、土地を平らにする様子を表した字。「ひとしい」意味を表す。

禁

おん　キン
くん　―
部首　示（しめす）
画数　13画

短くとめる　はねる

一 十 才 木 木一 村 材 林 林 梺 埜 禁 禁

注意点
部首が「木（きへん）」ではなく「示（しめす）」であることに注意する。

句

おん　ク
くん　―
部首　口（くち）
画数　5画

はねる　日としない

ノ 勹 句 句 句

注意点
書き順に注意する。先に「勹」を書いてから「口」を書く。

使い方を覚えよう

①～⑤の赤字の読みを送りがなもふくめて（　）に、⑥～⑦の書きを□に、それぞれ書きなさい。

①通行を許可する。（　）
②家と家の境。（　）
③均等に分ける。（　）
④立ち入り禁止（　）
⑤文句を言う。（　）

⑥□□《こっきょう》をこえる。
⑦友人を□《ゆる》す。

答え
①きょか　②さかい　③きんとう　④きんし　⑤もんく　⑥国境　⑦許

型

おん　ケイ
くん　かた

とめる　はねる　長く

部首　土（つち）
画数　9画

成り立ち

刑《かた》＋土＝型《土でつくったかた》

経

おん　ケイ・（キョウ）
くん　へ-る

とめる　上の横ぼうより長く

部首　糸（いとへん）
画数　11画

注意点

「径」と形が似《に》ているので注意する。

潔

おん　ケツ
くん　（いさぎよ-い）

はねる　はねない

部首　氵（さんずい）
画数　15画

成り立ち

「絜」（きよい）に「氵」（水）を加えて、水で清める意味から、「いさぎよい」意味を表す。

件

おん　ケン
くん　―
部首　亻（にんべん）
画数　6画

出す

注意点
書くときは、「牛」を「午」としないように注意する。

険

おん　ケン
くん　けわ-しい
部首　阝（こざとへん）
画数　11画

出さない

成り立ち
「阝」（山）と、きり立つ意味と音《おん》を表す「僉」とで、きり立った山を表し、「けわしい」意味に用いる。

使い方を覚えよう

①〜⑤の赤字の読みを送りがなもふくめて（　）に、⑥〜⑦の書きを□に、それぞれ書きなさい。

①大型の自動車。（　　）
②年月を経る。（　　）
③清潔なタオル。（　　）
④事件が起きる。（　　）
⑤険悪なふんいき。（　　）

⑥ けわ□しい山。
⑦ けいけん□を積む。

答え
①おおがた　②へる
③せいけつ
④じけん
⑤けんあく
⑥険　⑦経験

カ

復習ドリル①

点

答え→94ページ

1 ――部の漢字の読みがなを書きましょう。（1問4点／10問）

①船が河口から上流に向かう。（　　）

②選挙の候ほ者が演説を行う。（　　）

③周囲を木にかこまれた家。（　　）

④法案が全会一ちで可決する。（　　）

⑤国語の授業《じゅぎょう》で慣用句を学習する。（　　）

⑥外部からの圧力がかかる。（　　）

⑦因果関係を明らかにする。（　　）

⑧永いねむりにつく。（　　）

⑨自分の荷物を別の場所に移す。（　　）

⑩かれの無実を確信する。（　　）

2 次の□の中に漢字を入れましょう。（1問5点／12問）

① 南極に□□《きち》をつくる。

② 毎日の歯みがきで歯の□□《えいせい》を保《たも》つ。

③ 店の□□《えいぎょう》時間をたずねる。

④ 二つの店の商品の□□《かかく》を比《くら》べる。

⑤ その提案《ていあん》は□□□《ちゃくがんてん》がよい。

⑥ 文学全集を□□《かんこう》する。

⑦ 大きな□□《じけん》が起きた。

⑧ □□《ゆうえき》な情報《じょうほう》を得る。

⑨ □□《けいかい》なリズムに乗っておどる。

⑩ 夏休みは祖母《そぼ》の家で□《す》ごす。

⑪ □□《ゆきど》けの季節になる。

⑫ この道は自動車の□□《おうらい》がはげしい。

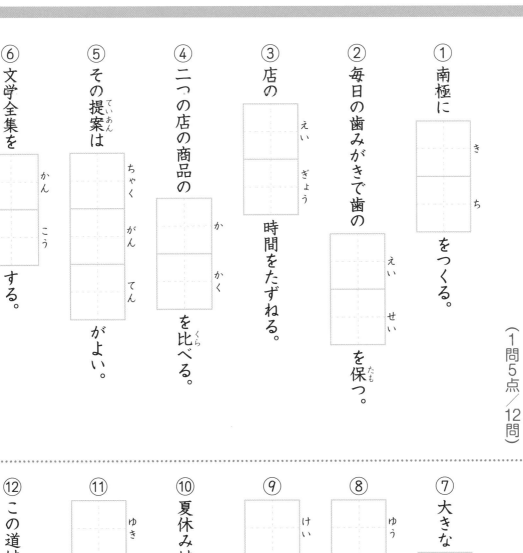

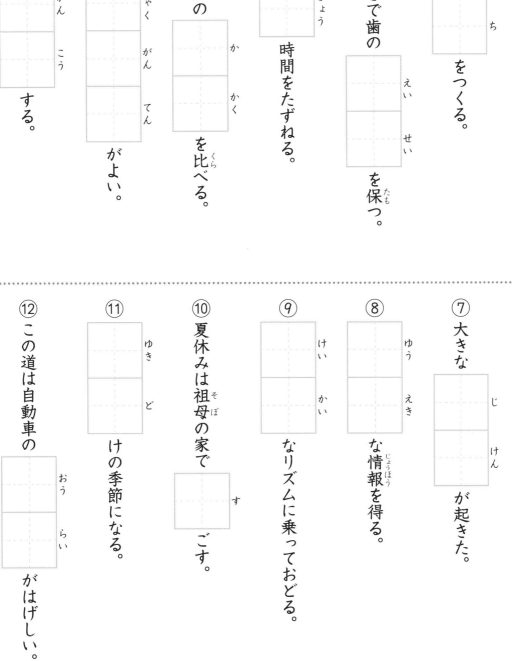

検

出さない
短くとめる

おん　ケン

くん　——

部首　木（きへん）

画数　12画

成り立ち

木箱を意味する「木」と、おさめる意味と音《おん》を表す「僉」とで、文書を木の箱におさめて表面に文字を書くことを表し、「しらべる」意味に用いる。

限

はらう
はねる

おん　ゲン

くん　かぎ-る

部首　阝（こざとへん）

画数　9画

意味

行きどまりの山を意味する字で、「かぎり」「かぎる」の意味に用いる。

現

角をつけずに曲げて上にはねる

おん　ゲン

くん　あらわ-れる・あらわ-す

部首　王（たまへん・おうへん）

画数　11画

成り立ち

「王」（玉）と「見」（あらわれる）とで、玉の光がかがやき出る意味から、「あらわれる」意味を表す。

減

おん　ゲン
くん　へ-る・へ-らす

部首　氵（さんずい）
画数　12画

点をわすれずに
はねる

、 ⺀ 氵 氵 汇 沪 泝 浉 涺 減 減 減

成り立ち
「氵」（水）に、ふさぐ意味と音を表す「咸」を合わせた字。水流をふさいで流れをへらすことから、「へる」意味を表す。

故

おん　コ
くん　（ゆえ）

部首　攵（ぼくにょう・のぶん）
画数　9画

出す

一 十 十 古 古 古 古 故 故

注意点
「放」「政《せい》」「救《きゅう》」と形が似《に》ているので注意する。

使い方を覚えよう

①〜⑤の赤字の読みを送りがなもふくめて（　）に、⑥〜⑦の書きを□に、それぞれ書きなさい。

① 検算をする。（　　）
② 力の限り戦う。（　　）
③ 現金で支《し》はらう。（　　）
④ 人口が減少する。（　　）
⑤ 故意に行う。（　　）

⑥ □□《きげん》を守る。
⑦ すがたを□《あらわ》す。

答え
①けんざん　②かぎり
③げんきん
④げんしょう
⑤こい
⑥期限　⑦現

個

ナとしない

おん　コ
くん　―

部首　亻（にんべん）
画数　10画

成り立ち
「亻」（人）に、物を数える助数詞《じょすうし》で音《おん》を表す「固」を合わせた字。物の数を数えるのに用いる。

護

夂としない
点の向きに注意

おん　ゴ
くん　―

部首　言（ごんべん）
画数　20画

注意点
書くときは、右下の「又」を「夂」としないように注意する。

効

まっすぐ下につける
とめる

おん　コウ
くん　き-く

部首　力（ちから）
画数　8画

注意点
書くときは、「力」を「刀」としないように注意する。

厚

おん（コウ）
くん　あつ-い
部首　厂（がんだれ）
画数　9画

广としない
はねる

意味
土があつく重なったがけを意味する字で、「あつい」という意味を表す。

耕

おん　コウ
くん　たがや-す
部首　耒（すきへん・らいすき）
画数　10画

上下の横ぼうより短く
軽くはらう

成り立ち
耒《すき》（すきで田畑に区切りをつける）＋井（縦《たて》と横《よこ》に区切る意味と音を表す）＝耕

使い方を覚えよう

①～⑤の赤字の読みを送りがなもふくめて（　）に、⑥～⑦の書きを□に、それぞれ書きなさい。

① 個別に対応《たいおう》する。（　　）
② 護岸工事をする。（　　）
③ 薬が効く。（　　）
④ 厚紙を切る。（　　）
⑤ 畑を耕作する。（　　）
⑥ □□□《こうかてき》な方法。
⑦ 土を□《たがや》す。

答え
①こべつ　②ごがん　③きく　④あつがみ　⑤こうさく　⑥効果的　⑦耕

カ

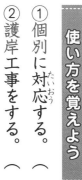

航

まっすぐ下につける
点の向きに注意
はねる

おん　コウ
くん　―

部首　舟（ふねへん）
画数　10画

成り立ち

「舟」と、横の意味と音《おん》を表す「亢」を合わせた字。舟《ふね》を横にならべることから、舟で水をわたる意味を表す。

鉱

まっすぐ下につける
とめる

おん　コウ
くん　―

部首　金（かねへん）
画数　13画

注意点

「拡」と形が似《に》ているので注意する。「鉱」は、金属《きんぞく》に関係のある字なので、「金（かねへん）」。

構

つき出す
はねる

おん　コウ
くん　かま-える
　　　かま-う

部首　木（きへん）
画数　14画

成り立ち

木＋冓＝構

冓：組む意味と音を表す
構：木を交《こう》ごに組み合わせる

興

おん　コウ・キョウ
くん　（おこ-る）（おこ-す）

部首　臼（きょく）
画数　16画

成り立ち
二人が手を出し合った形と、物をのせる板を表す形から、共同で持ち上げる様子を表した字。「おこす」という意味を表す。

講

おん　コウ
くん　―

部首　言（ごんべん）
画数　17画

成り立ち
「冓」は組み合わせることを表す。「言」と合わせて、たがいに意見をかわす意味から、意見を組み立てる意味に用いる。

使い方を覚えよう

①～⑤の赤字の読みを送りがなもふくめて（　）に、⑥～⑦の書きを□に、それぞれ書きなさい。

①船が欠航する。（　　）
②鉱山に入る。（　　）
③文章の構成。（　　）
④興味を持つ。（　　）
⑤講演会を開く。（　　）

⑥家を□《かま》える。
⑦長い□《こう》□《かい》に出る。

答え
①けっこう　②こうざん　③こうせい　④きょうみ　⑤こうえんかい　⑥構　⑦航海

カ

告

上の横ぼうより長く

おん　コク

くん　つ-げる

部首　口（くち）

画数　7画

成り立ち

「口」と、進み出る意味の「⺧」を合わせた字。進言する意味から、「つげる」意味を表す。

混

上にはねる

扌・ヒとしない

おん　コン

くん　ま-じる・ま-ざる・ま-ぜる・こ-む

部首　氵（さんずい）

画数　11画

注意点

送りがなに注意する。

×混る

○混じる　混ざる　混ぜる

査

旦・目としない

おん　サ

くん　——

部首　木（き）

画数　9画

注意点

書くときは、下の部分の横ぼうの数に注意する。

再

おん　サイ・サ
くん　ふたた-び

部首　冂（けいがまえ・まきがまえ）
画数　6画

成り立ち

同じものを上にのせる様子からできた字。重ねてする、「ふたたび」の意味を表す。

災

おん　サイ
くん　（わざわ-い）

部首　火（ひ）
画数　7画

注意点

書くときは、「巛」の形に注意する。

使い方を覚えよう

①〜⑤の赤字の読みを送りがなもふくめて（　）に、⑥〜⑦の書きを□に、それぞれ書きなさい。

①来週の予告を見る。（　　　）
②公し混同する。（　　　）
③実情《じつじょう》を調査する。（　　　）
④再びめぐり会う。（　　　）
⑤災害を防《ふせ》ぐ。（　　　）

⑥会議を□□《さいかい》する。
⑦別れを□《つ》げる。

答え
①よこく　②こんどう
③ちょうさ
④ふたたび
⑤さいがい
⑥再開　⑦告

カ
サ

妻

おん　サイ
くん　つま

出す
長く

部首　女（おんな）
画数　8画

注意点
書くときは、「⺕」のつき出す横ぼうに注意する。

採

おん　サイ
くん　と-る

点の打ち方に注意。米としない

部首　扌（てへん）
画数　11画

成り立ち
「采」（とる・いろどり）に「扌」（手）を加えて、「とる」意味に用いる。

際

おん　サイ
くん　（きわ）

くっつけない
はねる

部首　阝（こざとへん）
画数　14画

成り立ち
「阝」（山）に、ふれあう意味と音《おん》を表す「祭」を合わせた字。山と山が接《せっ》するところを表し、「きわ」の意味に用いる。

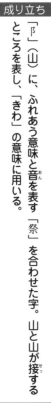

在

おん ザイ
くん あ-る

上の横ぼうより長く
少し出す

一 ナ 十 存 存 在

部首 土（つち）
画数 6画

成り立ち
「土」と「才」（ふさぎとめる）とで、土でふさぐ意味を表し、動かずに「ある」意味に用いる。

財

おん ザイ・（サイ）
くん ―

少し出す
はねる

丨 冂 月 月 目 貝 貝 貝一 財 財

部首 貝（かいへん）
画数 10画

成り立ち
「貝」（お金）と、役に立つ意味と音を表す「才」を合わせた字。価《か》ちのあるたからものの意味を表す。

使い方を覚えよう

①～⑤の赤字の読みを送りがなもふくめて（　）に、⑥～⑦の書きを□に、それぞれ書きなさい。

①夫と妻。（　）
②テストの採点。（　）
③国際的な組織《そしき》。（　）
④心の在り方。（　）
⑤家の財産。（　）

⑥ じつ ざい □□の人物。
⑦ 決を□とる。

答え
①つま
②さいてん
③こくさいてき
④あり
⑤ざいさん
⑥実在
⑦採

罪

軽くはらう　とめる

おん　ザイ
くん　つみ

部首　罒（あみがしら・あみめ）
画数　13画

注意点
書くときは、「罒」を「日」としないように注意する。

殺

上にはねる　とめる

おん　サツ・（サイ）・（セツ）
くん　ころ-す

部首　殳（ほこづくり・るまた）
画数　10画

成り立ち

毛の長い動物をいけにえとして殺《ころ》す様子からできた字。

雑

はねる　とめる

おん　ザツ・ゾウ
くん　——

部首　隹（ふるとり）
画数　14画

注意点
「ザツ」は音読みであることに注意する。

酸

おん　サン
くん　（す-い）
部首　酉（とりへん・ひよみのとり）
画数　14画

成り立ち
「酉」（さけ）に、さす意味と音《おん》を表す「夋」を合わせた字。舌《した》をさすすっぱい味の酒を表し、「すっぱい」意味に用いる。

賛

おん　サン
くん　——
部首　貝（かい）
画数　15画

注意点
「質」「資」「貿」と形が似《に》ているので注意する。

使い方を覚えよう

①～⑤の赤字の読みを送りがなもふくめて（　）に、⑥～⑦の書きを□に、それぞれ書きなさい。

①無罪となる。（　　）
②殺虫ざいをまく。（　　）
③雑木林の中。（　　）
④炭酸入りの飲料。（　　）
⑤案に賛成する。（　　）
⑥さっ き（□□）を感じる。
⑦駅が こん ざつ（□□）する。

答え
①むざい　②さっちゅう　③ぞうきばやし　④たんさん　⑤さんせい
⑥殺気　⑦混雑

サ

士

上の横ぼうより短く

おん　シ
くん　―

一　十　士

部首　士（さむらい）
画数　3画

注意点
特別な読みの言葉「博士《はかせ》」に注意する。

支

あける

おん　シ
くん　ささ-える

一　十　ち　支

部首　支（しにょう・えだにょう）
画数　4画

成り立ち

手に枝《えだ》を持った様子からできた字。「枝」の意味を表し、「わかれる」意味、転じて「ささえる」意味に用いる。

史

出す

おん　シ
くん　―

丨　口　口　中　史

部首　口（くち）
画数　5画

意味
天体の運行を計算してこよみをつくる人、転じて、記録をとる人の意味。また、その記録を意味する。

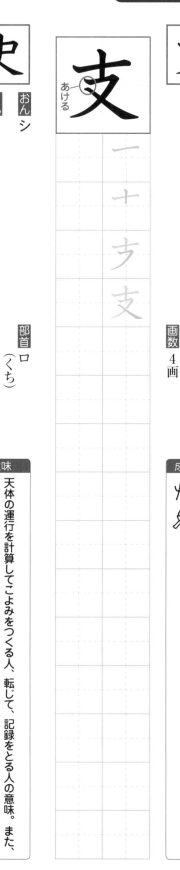

志

おん　シ
くん　こころざ-す　こころざし
部首　心（こころ）
画数　7画

上の横ぼうより短く
はねる

一 十 士 吉 志 志 志

成り立ち
「士」は「之」が変化した形で、「行く」を意味する。心が向かう、「こころざす」意味に用いる。

枝

おん　（シ）
くん　えだ
部首　木（きへん）
画数　8画

とめる
あける

一 十 才 木 村 村 枝 枝

成り立ち
木―木 ＋ 支―分かれる意味と音《おん》を表す ＝ 枝―木の幹《みき》から分かれ出た「えだ」

使い方を覚えよう

①～⑤の赤字の読みを送りがなもふくめて（　）に、⑥～⑦の書きを□に、それぞれ書きなさい。

①大きな力士。（　）
②心の支え。（　）
③世界史を学ぶ。（　）
④意志が固い。（　）
⑤木の枝。（　）

⑥君の案をしじ□□する。
⑦こころざし□が高い。

答え
①りきし　②ささえ　③せかいし　④いし　⑤えだ　⑥支持　⑦志

サ

師

出さない　はねる

おん　シ
くん　―
部首　巾（はば）
画数　10画

注意点

「師」は先生のこと。対語は「弟」で、「師弟」は先生と弟子《でし》のこと。

資

フとしない　シとしない

おん　シ
くん　―
部首　貝（かい）
画数　13画

成り立ち

「貝」（お金）に、積みたくわえる意味と音《おん》を表す「次」を合わせた字。積みたくわえた「たから」の意味を表す。

飼

食としない　はねる

おん　シ
くん　か-う
部首　飠（しょくへん）
画数　13画

成り立ち

飠―食（食べ物をあたえて「やしなう」）
＋
司―おさめる意味と音を表す
＝
飼

示

おん　ジ・(シ)
くん　しめ-す

部首　示(しめす)
画数　5画

出さない　はねる

一　二　亍　亓　示

注意点
送りがなに注意する。
×示めす
○示す

似

おん　(ジ)
くん　に-る

部首　亻(にんべん)
画数　7画

とめる　レとしない

ノ　亻　亻　亻　亻　似　似

意味
人ににせて作る、にせる、「にる」意味を表す。

使い方を覚えよう

①～⑤の赤字の読みを送りがなもふくめて（　）に、⑥～⑦の書きを□に、それぞれ書きなさい。

①小学校の教師。（　）
②物資を運ぶ。（　）
③馬を飼育する。（　）
④図に示す。（　）
⑤顔立ちが似る。（　）

⑥室内で犬を□《か》う。
⑦部下に□□《しじ》を出す。

答え
①きょうし　②ぶっし　③しいく　④しめす　⑤にる　⑥飼　⑦指示

サ

識

おん　シキ
くん　―
部首　言（ごんべん）
画数　19画

点をわすれずに
はねる

成り立ち
「言」と「戠」（目じるし）とで、言葉の意味を区別する、「しる」意味を表す。転じて「しるす」意味に用いる。

質

おん　シツ・（シチ）・（チ）
くん　―
部首　貝（かい）
画数　15画

𠂉としない
とめる

注意点
書くときは、「斦」を「竹」としないように注意する。

舎

おん　シャ
くん　―
部首　人（ひとがしら）
画数　8画

上の横ぼうより長く

成り立ち
「余」（屋根のある建物）に、場所を表す「口」を加えて、休息する宿の意味を表す。

謝

はねる

おん　シャ
くん　（あやま-る）

部首　言（ごんべん）
画数　17画

成り立ち
「言」に、ゆるす意味と音《おん》を表す「射」を合わせた字。許《ゆる》しを求めてことわることから、「あやまる」、礼を言う意味に用いる。

授

はねる　くっつけない

おん　ジュ
くん　（さず-ける）（さず-かる）

部首　扌（てへん）
画数　11画

成り立ち
「受」（うけわたしする）に「扌」（手）を加えて、「受」と区別し、「さずける」意味に用いる。

使い方を覚えよう

①～⑤の赤字の読みを送りがなもふくめて（　）に、⑥～⑦の書きを□に、それぞれ書きなさい。

①知識を増《ふ》やす。（　　　）
②質問に答える。（　　　）
③校舎を建てる。（　　　）
④感謝の気持ち。（　　　）
⑤授業が始まる。（　　　）

⑥かたい□□《ぶっしつ》。
⑦こつを□□《でんじゅ》する。

答え
①ちしき　②しつもん
③こうしゃ
④かんしゃ
⑤じゅぎょう
⑥物質　⑦伝授

修

夂としない
彡としない

おん　シュウ・（シュ）

くん　おさ-める
おさ-まる

部首　亻（にんべん）

画数　10画

成り立ち

「攸」（清める）に「彡」（ととのえる）を加えて、おもに、「おさめる」意味を表す。

述

点をわすれずに

おん　ジュツ

くん　の-べる

部首　辶（しんにょう・しんにゅう）

画数　8画

注意点

送りがなに注意する。
×述る
○述べる

術

イとしない
点をわすれずに

おん　ジュツ

くん　――

部首　行（ゆきがまえ・ぎょうがまえ）

画数　11画

注意点

「街」「衛《えい》」と形が似《に》ているので注意する。

準

おん　ジュン
くん　―

つき出す
長く

部首　氵（さんずい）
画数　13画

注意点
書くときは、下の「十」を「木」「廾」としないように注意する。

序

おん　ジョ
くん　―

まっすぐ下につける
はねる

部首　广（まだれ）
画数　7画

注意点
書くときは、「予」を「子」としないように注意する。

使い方を覚えよう

①～⑤の赤字の読みを送りがなもふくめて（　）に、⑥～⑦の書きを□に、それぞれ書きなさい。

①学問を修める。（　　）
②意見を述べる。（　　）
③手術が終わる。（　　）
④新しい基準。（　　）
⑤順序を守る。（　　）

⑥主語と□□《じゅつご》。
⑦□□《しゅうがく》旅行に行く。

答え
①おさめる　②のべる
③しゅじゅつ
④きじゅん
⑤じゅんじょ
⑥述語　⑦修学

復習ドリル②

1 ――部の漢字の読みがなを書きましょう。（1問4点／10問）

① 再来年には中学生になる。（　　）
② 台風で船が欠航する。（　　）
③ 道が枝分かれしている。（　　）
④ 学校の寄宿舎で生活する。（　　）
⑤ みんなの意見に賛同する。（　　）
⑥ 父は、大学教授だ。（　　）
⑦ 男女混合リレーの選手となる。（　　）
⑧ 自分のおかした罪をつぐなう。（　　）
⑨ 今月は支出が多い。（　　）
⑩ 自分の意見を明示する。（　　）

答え→94ページ

点

2 次の□の中に漢字を入れましょう。（1問5点／12問）

① 料理の□《こう》□《しゅう》□《かい》に参加する。

② □《けん》□《さ》の結果が出る。

③ □《し》□《じつ》にもとづいた伝記。

④ 山田《やまだ》□《ふ》□《さい》と食事をする。

⑤ 自由研究はこん虫□《さい》□《しゅう》だ。

⑥ 友達の□《に》□《がお》□《え》をかく。

⑦ 自転車を□《しゅう》□《り》に出す。

⑧ 小学校の□《きょう》□《し》になりたい。

⑨ 畑の□《ざっ》□《そう》をぬく。

⑩ リーダーとしての□《し》□《しつ》がある。

⑪ □《さん》□《み》の強い果実を食べる。

⑫ お世話になった人に□《しゃ》□《い》を表す。

招

おん　ショウ
くん　まね-く

部首　扌（てへん）
画数　8画

はねる
はねる

成り立ち

召 ＋ 扌（手）＝ 招

めす意味と音《おん》を表す
手まねきでよぶ、まねく

証

おん　ショウ
くん　―

部首　言（ごんべん）
画数　12画

点の向きに注意
Lとしない

注意点

使い方に注意する。
・品質《ひんしつ》を保証《ほしょう》する。
・安全保障条約《あんぜんほしょうじょうやく》

象

おん　ショウ・ゾウ
くん　―

部首　豕（いのこ・ぶた）
画数　12画

少し丸みを持たせてはねる

成り立ち

ぞうを横から見た形
↓
象

賞

おん　ショウ
くん　―

賞（ッとしない）

部首　貝（かい）
画数　15画

成り立ち
「貝」と加える意味と音を表す「尚」とで、功労に対してあたえる物の意味、「ほめる」意味を表す。

条

おん　ジョウ
くん　―

条（ホとしない）

部首　木（き）
画数　7画

意味
のび出た小枝《こえだ》の意味。分かれ出ているところから、一つ一つ書き分けたものの意味となった。

使い方を覚えよう

①～⑤の赤字の読みを送りがなもふくめて（　）に、⑥～⑦の書きを□に、それぞれ書きなさい。

①客を招く。（　）
②無実を証明する。（　）
③象の鼻は長い。（　）
④賞品をもらう。（　）
⑤条件を出す。（　）
⑥□□《じょうやく》を結ぶ。
⑦友人を家に□□《しょうたい》する。

答え
①まねく　②しょうめい　③ぞう　④しょうひん　⑤じょうけん　⑥条約　⑦招待

サ

状

点をわすれずに
とめる

おん　ジョウ
くん　―

部首　犬（いぬ）
画数　7画

成り立ち
「犬」に、すがたの意味と音《おん》を表す「爿」を合わせた字。犬のすがたの意味から、「かたち」の意味を表す。

常

ッとしない
はねる

おん　ジョウ
くん　つね（とこ）

部首　巾（はば）
画数　11画

成り立ち
「巾」（きれ）に、ながい意味と音を表す「尚」を合わせた字。長い布《ぬの》を表すことから、長く変わらない、「つね」の意味を表す。

情

はねる

おん　ジョウ・（セイ）
くん　なさ-け

部首　忄（りっしんべん）
画数　11画

意味
「忄」（心）に、生きている意味と音を表す「青」を合わせた字。「なさけ」の意味を表す。

織

おん　（ショク）・シキ
くん　お-る

部首　糸（いとへん）
画数　18画

意味
糸《いと》もようをおり出す意味から、はたを「おる」意味を表す。

織（点をわすれずに・はねる）

織　織　織

職

おん　ショク
くん　―

部首　耳（みみへん）
画数　18画

注意点
「識《しき》」「織《しき》」と形が似《に》ているので注意する。

職（点をわすれずに・はねる）

職　職　職

使い方を覚えよう

①～⑤の赤字の読みを送りがなもふくめて（　）に、⑥～⑦の書きを□に、それぞれ書きなさい。

①賞状をもらう。（　　）
②常に健康だ。（　　）
③情けをかける。（　　）
④はたを織る。（　　）
⑤職員室に行く。（　　）

⑥ □□（ゆう じょう）を深める。
⑦会社の□□（そ しき）。

答え
①しょうじょう　②つね　③なさけ　④おる　⑤しょくいんしつ　⑥友情　⑦組織

サ

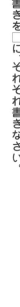

制

おん　セイ
くん　―

部首　刂（りっとう）
画数　8画

出す
はねる

ノ　𠂉　𠂉　𠂉　𠂉　朱　制　制

注意点
書き順に注意する。「朱」のたてぼうは、六画目に上下をつらぬいて書く。

性

おん　セイ・（ショウ）
くん　―

部首　忄（りっしんべん）
画数　8画

点の打ち方に注意
とめる

丶　丶丶　忄　忄　忄　性　性　性

成り立ち
忄―心
＋
生―生まれながらの意味と音《おん》を表す
＝
性―生まれながらにして持っている心

政

おん　セイ・（ショウ）
くん　（まつりごと）

部首　攵（ぼくにょう・のぶん）
画数　9画

出す
ななめ右上の方向へ

一　丅　下　下　正　正　正　政　政

意味
おもに「ただす」意味を表し、「まつりごと」の意味に用いる。

勢

おん　セイ
くん　いきお-い
部首　力（ちから）
画数　13画

点をわすれずに
はねる

一　十　土　产　夫　圥　坴　坴　刹　埶　埶　勢　勢

意味
物事を制《せい》ぎょする力を意味することから、「いきおい」の意味を表す。

精

おん　セイ・（ショウ）
くん　——
部首　米（こめへん）
画数　14画

点の打ち方に注意
はねる

丶　丷　䒑　半　米　米　米一　米十　米丰　米圭　精　精　精　精

意味
きれいにした米の意味から、「じゅんすい」「精神《せいしん》」などの意味を表す。

使い方を覚えよう

①～⑤の赤字の読みを送りがなもふくめて（　）に、⑥～⑦の書きを□に、それぞれ書きなさい。

①制度を改める。（　　）
②性格がよい。（　　）
③日本の政治。（　　）
④勢いがある。（　　）
⑤運ちんを精算する。（　　）

⑥ □□（せいふく）を着る。
⑦台風の□□（せいりょく）。

答え
①せいど　②せいかく　③せいじ　④いきおい　⑤せいさん　⑥制服　⑦勢力

サ

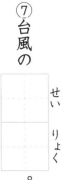

製

はねる
はねる

おん　セイ
くん　——

部首　衣（ころも）
画数　14画

注意点

部首が「衣（ころも）」であることに注意する。

税

ハとしない
角をつけずに曲げて上にはねる

おん　ゼイ
くん　——

部首　禾（のぎへん）
画数　12画

意味

しゅうかくの中から取り立てるいね、つまり、人民から取り立てる税金《ぜいきん》の意味を表す。

責

長く
とめる

おん　セキ
くん　せ-める

部首　貝（かい）
画数　11画

意味

お金をせめて求める意味から、「せめる」意味に用いる。

績

おん　セキ
くん　―
部首　糸（いとへん）
画数　17画

とめる　はねない

成り立ち
「糸」に、かさねる意味と音《おん》を表す「責」を合わせた字。糸を一本一本加えていって「つむぐ」意味を表す。

接

おん　セツ
くん　（つぐ）
部首　扌（てへん）
画数　11画

まっすぐ下につける　はねる

成り立ち
「扌」（手）に、あわせる意味と音を表す「妾」を合わせた字。一か所に合わせて「まじえる」意味が転じて、「つぐ」意味を表す。

使い方を覚えよう

①～⑤の赤字の読みを送りがなもふくめて（　）に、⑥～⑦の書きを□に、それぞれ書きなさい。

①製品を開発する。（　　　）
②税金をおさめる。（　　　）
③重責を果たす。（　　　）
④成績が上がる。（　　　）
⑤面接を受ける。（　　　）

⑥失敗を□《せ》める。

⑦相手と□《ちょく》□《せつ》会う。

答え
①せいひん　②ぜいきん　③じゅうせき　④せいせき　⑤めんせつ　⑥責　⑦直接

サ

設

点の向きに注意
あける

おん　セツ
くん　もう-ける

部首　言（ごんべん）
画数　11画

注意点
送りがなに注意する。
×設うける　設る
○設ける

絶

はねない
角をつけずに曲げて上にはねる

おん　ゼツ
くん　た-える・た-やす
た-つ

部首　糸（いとへん）
画数　12画

意味
もとの字は「絕」。刀で糸を切る意味、「たつ」意味を表す。

祖

点の向きに注意
目・旦としない

おん　ソ
くん　――

部首　ネ（しめすへん）
画数　9画

注意点
「組」「相」と形が似《に》ているので注意する。

素

おん　ソ・（ス）
くん　――
部首　糸（いと）
画数　10画

長く　とめる

意味
より合わせる前の、たれたままの糸を表した字。加工する前の生地《きじ》、「もと」「しろい」の意味に用いる。

総

おん　ソウ
くん　――
部首　糸（いとへん）
画数　14画

とめる　はねる

注意点
書くときは、「㣺」の「心」を「必」としないように注意する。

使い方を覚えよう

①〜⑤の赤字の読みを送りがなもふくめて（　）に、⑥〜⑦の書きを□に、それぞれ書きなさい。

①制限《せいげん》を設ける。（　　）
②絶体絶命（　　）
③祖父母の家。（　　）
④素材を集める。（　　）
⑤内かく総理大臣（　　）
⑥消息が□《た》える。
⑦わが家の□□《せんぞ》。

答え
①もうける
②ぜったいぜつめい
③そふぼ
④そざい
⑤そうり
⑥絶
⑦先祖

サ

造

上の横ぼうより長く

おん　ゾウ

くん　つく-る

部首　辶（しんにょう・しんにゅう）

画数　10画

注意点

「造る」と「作る」の使い分けに注意する。「造る」は、「造船」という言葉があるように、おもに、大きく形のある物をつくる意味。

像

やや丸みをつけてはねる

おん　ゾウ

くん　―

部首　亻（にんべん）

画数　14画

成り立ち

象（動物のぞう・かたちと音《おん》を表す）＋亻（人）＝像（人のすがた・かたち）

増

ハとしない

ななめ右上の方向へ

おん　ゾウ

くん　ま-す　ふ-える・ふ-やす

部首　土（つちへん・どへん）

画数　14画

注意点

送りがなに注意する。

×増る

○増える

則

おん　ソク
くん　―

部首　刂（りっとう）
画数　9画

則（はねる）

注意点
使い方に注意する。
・則…きそく
・側…そば
・測《そく》…深さや長さをはかる

測

おん　ソク
くん　はか-る

部首　氵（さんずい）
画数　12画

測（はねる・とめる）

成り立ち
氵（水）＋則（のっとる意味と音を表す）＝測（水の深さをはかる→はかる）

使い方を覚えよう

①〜⑤の赤字の読みを送りがなもふくめて（　）に、⑥〜⑦の書きを□に、それぞれ書きなさい。

①船を造る。（　　）
②未来を想像する。（　　）
③体重が増える。（　　）
④規則を守る。（　　）
⑤身体測定（　　）
⑥人口が□□《ぞうか》する。
⑦身長を□《はか》る。

答え
①つくる　②そうぞう　③ふえる　④きそく　⑤そくてい　⑥増加　⑦測

サ

属

一としない　はねる

おん　ゾク
くん　——
部首　尸（しかばね・しかばねかんむり）
画数　12画

注意点
書くときは、「禹」を「禺」としないように注意する。

率

くとしない　出す

おん　（ソツ）・リツ
くん　ひき-いる
部首　玄（げん）
画数　11画

成り立ち
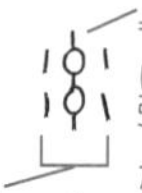
上下に張《は》ったあさ糸をよる様子
糸のけばだつ様子
→ 率

損

とめる　はねる

おん　ソン
くん　（そこ-なう）（そこ-ねる）
部首　扌（てへん）
画数　13画

注意点
対語は「得」。書くときは、「員」を「買」としないように注意する。

貸

おん（タイ）
くん　か-す

点をわすれずに
はねる

部首　貝（かい）
画数　12画

成り立ち

貝（お金）＋代（たてかえる意味と音《おん》を表す）＝貸（財貨《ざいか》をかしあたえる）

態

おん　タイ
くん　――

はねる
はねる

部首　心（こころ）
画数　14画

注意点

「能」と形が似《に》ているので注意する。

使い方を覚えよう

①～⑤の赤字の読みを送りがなもふくめて（　）に、⑥～⑦の書きを□に、それぞれ書きなさい。

①団体《だんたい》に所属する。（　　　）

②集団を率いる。（　　　）

③損害を受ける。（　　　）

④かさを貸す。（　　　）

⑤態度を改める。（　　　）

⑥□□《ばいりつ》が高い。

⑦生活の□□《じったい》。

答え

①しょぞく　②ひきいる　③そんがい　④かす　⑤たいど　⑥倍率　⑦実態

団

おん　ダン・(トン)
くん　―

はねる

部首　口(くにがまえ)
画数　6画

意味
まるい、かたまりの意味を表す。

断

おん　ダン
くん　(た-つ)　ことわ-る

点の打ち方に注意
とめる

部首　斤(おのづくり)
画数　11画

注意点
送りがなに注意する。
×断わる　断とわる
○断る

築

おん　チク
くん　きず-く

点をわすれずに
ななめ右上の方向へ

部首　⺮(たけかんむり)
画数　16画

成り立ち
「木」に、つく意味と音《おん》を表す「筑」を合わせた字。土をつき固める「きね」の意味を表す。

貯

おん チョ
くん ―

部首 貝（かいへん）
画数 12画

はねる

貯

成り立ち

貝《お金》＋宁《たくわえる》＝貯

張

おん チョウ
くん は-る

部首 弓（ゆみへん）
画数 11画

はねる　はねる

張

成り立ち

「弓」と「長」（ながくのばす）とで、弓のつるをはることから、「はる」「ひろげる」意味を表す。

使い方を覚えよう

①～⑤の赤字の読みを送りがなもふくめて（　）に、⑥～⑦の書きを□に、それぞれ書きなさい。

①団体で行動する。（　）
②道路を横断する。（　）
③関係を築く。（　）
④貯金がたまる。（　）
⑤意見を主張する。（　）

⑥さそいを□□《ことわ》る。
⑦家を□□《ぞうちく》する。

答え
①だんたい　②おうだん　③きずく　④ちょきん　⑤しゅちょう　⑥断　⑦増築

停

亠としない
はねる

おん　テイ
くん　――

部首　亻（にんべん）
画数　11画

成り立ち
人を表す「亻」と、とどまる意味と音《おん》を表す「亭」を合わせた字。人が一つの場所に「とどまる」意味を表す。

提

はねる

おん　テイ
くん　（さ-げる）

部首　扌（てへん）
画数　12画

成り立ち
「扌」（手）に、まっすぐのばす意味と音を表す「是」を合わせた字。手に「さげる」意味を表す。

程

壬としない
とめる

おん　テイ
くん　（ほど）

部首　禾（のぎへん）
画数　12画

注意点
書くときは、「口」を「目」「皿」、「王」を「壬」としないように注意する。

適

おん　テキ
くん　—

部首　辶（しんにょう・しんにゅう）
画数　14画

はねる

成り立ち
「辶」（道）に、まっすぐの意味と音を表す「啇」を合わせた字。「まっすぐゆく」意味を表す。

統

おん　トウ
くん　（す-べる）

部首　糸（いとへん）
画数　12画

まっすぐ下につける
角をつけずに曲げて上にはねる

成り立ち
「糸」と「充」（全体にゆきわたる）とで、大すじの意味。転じて、「まとめる」「治める」意味に用いる。

使い方を覚えよう

①～⑤の赤字の読みを送りがなもふくめて（　）に、⑥～⑦の書きを□に、それぞれ書きなさい。

①停電が直る。（　　　）
②条件《じょうけん》を提示する。（　　　）
③日程が決まる。（　　　）
④適切な発言。（　　　）
⑤国を統一する。（　　　）

⑥ □□（かい てき）なくらし。
⑦ □□（とう けい）をとる。

答え
①ていでん　②ていじ　③にってい　④てきせつ　⑤とういつ　⑥快適　⑦統計

堂

ッとしない

おん　ドウ
くん　―

部首　土（つち）
画数　11画

意味
土を高くもった場所を表すことから、そこへ建てた大きな建物の意味を表す。

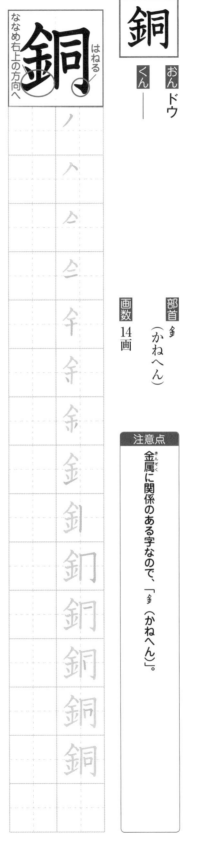

銅

はねる
ななめ右上の方向へ

おん　ドウ
くん　―

部首　釒（かねへん）
画数　14画

注意点
金属《きんぞく》に関係のある字なので、「釒（かねへん）」。

導

点をわすれずに
はねる

おん　ドウ
くん　みちび-く

部首　寸（すん）
画数　15画

成り立ち
寸（手）
＋
道（みちびく意味と音《おん》を表す）
＝
導（手を引いて「みちびく」）

得

おん　トク
くん　え-る（う-る）

得（やや長めに／はねる）

部首　彳（ぎょうにんべん）
画数　11画

成り立ち

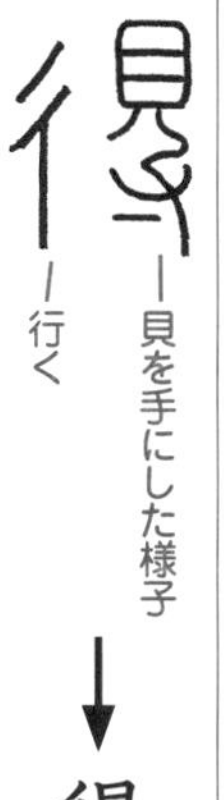

毒

おん　ドク
くん　—

毒（つき出してはねる／点（毋）としない）

部首　母（なかれ）
画数　8画

注意点

書くときは、「龶」を「土」、「毋」を「母」としないように注意する。

使い方を覚えよう

①〜⑤の赤字の読みを送りがなもふくめて（　）に、⑥〜⑦の書きを□に、それぞれ書きなさい。

①食堂で昼食を食べる。（　　）
②銅メダル（　　）
③指導にあたる。（　　）
④得点を上げる。（　　）
⑤きず口を消毒する。（　　）

⑥同意を□《え》る。

⑦□□□《しょくちゅうどく》を防《ふせ》ぐ。

答え
①しょくどう　②どう
③しどう　④とくてん
⑤しょうどく
⑥得　⑦食中毒

タ

復習ドリル③

1 ――部の漢字の読みがなを書きましょう。（1問4点／10問）

①パソコンが正常に作動する。（　　）

②クラスの総力を結集する。（　　）

③国の財政を見直す。（　　）

④中学校の制服にあこがれる。（　　）

⑤友達の心情を思いやる。（　　）

⑥故人《こじん》の功績をたたえる。（　　）

⑦自分の能力《のうりょく》を生かせる職業につく。（　　）

⑧子どもを対象にした本。（　　）

⑨スポーツマン精神にのっとる。（　　）

⑩今後の運勢をうらなう。（　　）

答え→94ページ

点

2 次の□の中に漢字を入れましょう。（1問5点／12問）

① 日本に台風が□□《せっきん》する。

② □□《しっそ》な生活を送る。

③ きょ大な□□□《けんちくぶつ》を見る。

④ 政府が□□《げんぜい》を検《けん》とうする。

⑤ アルコールで□□《しょうどく》する。

⑥ パーティーの□□□《しょうたいじょう》。

⑦ 新しく会社を□□《せつりつ》する。

⑧ □□《じゅうせき》を果たす。

⑨ □□《しょうきん》を得《え》る。

⑩ すばらしい作品だと□□《ぜっさん》する。

⑪ きぬの□□《おりもの》を生産する。

⑫ けん法の□□《じょうぶん》を読む。

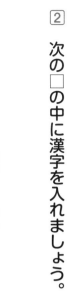

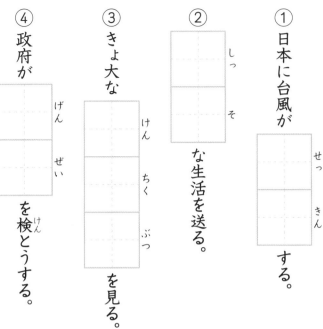

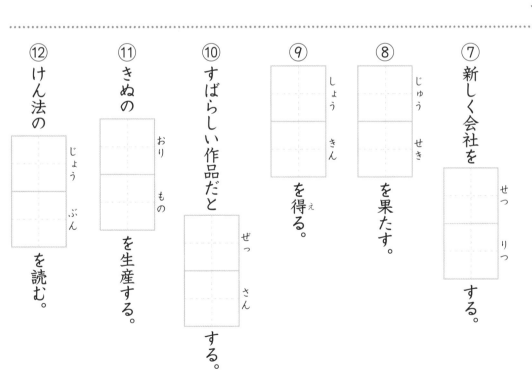

独

出さない　はねる

おん　ドク
くん　ひと-り

部首　犭（けものへん）
画数　9画

注意点
送りがなに注意する。
×独とり
○独り

任

王としない

おん　ニン
くん　まか-せる
まか-す

部首　亻（にんべん）
画数　6画

成り立ち
「人」に、かかえこむ意味と音《おん》を表す「壬」を合わせた字。「になう」「まかせる」意味を表す。

燃

とめる
左はしの点だけななめ左下の方向に

おん　ネン
くん　も-える
も-やす・も-す

部首　火（ひへん）
画数　16画

成り立ち
「然」（もえる）が他の意味に転用されたので、「然」に「火」を加えて、「もえる」意味に用いた。

能

おん　ノウ
くん　——

部首　月（にくづき）
画数　10画

はねる
はねる

注意点
書くときは、「𦓐」の部分の「月」を「目」としないように注意する。

破

おん　ハ
くん　やぶ-る　やぶ-れる

部首　石（いしへん）
画数　10画

くっつけない

成り立ち
「石」に、さける意味と音を表す「皮」を合わせた字。石がわれることから、「やぶる」「やぶれる」意味を表す。

使い方を覚えよう

①〜⑤の赤字の読みを送りがなもふくめて（　）に、⑥〜⑦の書きを□に、それぞれ書きなさい。

①独自の考え方。（　）
②責任が重い。（　）
③火が燃える。（　）
④能力が高い。（　）
⑤備品《びひん》を破損する。（　）
⑥集団《しゅうだん》から□□《どくりつ》する。
⑦仕事を□《まか》せる。

答え
①どくじ　②せきにん　③もえる　④のうりょく　⑤はそん　⑥独立　⑦任

タ
ナ
ハ

犯

おん　ハン
くん　（おか-す）

犯（はねる・はねる）

部首　犭（けものへん）
画数　5画

意味
犬が囲《かこ》いを破《やぶ》って人を害することを意味する字で、「おかす」意味を表す。

判

おん　ハン・バン
くん　——

判（出す・はねる）

部首　刂（りっとう）
画数　7画

成り立ち
「刂」（刀）と「半」（二つに分ける）を合わせた字。刀で物を分けることから、けじめをつける、さばく意味に用いる。

版

おん　ハン
くん　——

版（出す・とめる）

部首　片（かたへん）
画数　8画

成り立ち
「片」（木ぎれ）に、さく意味と音《おん》を表す「反」を合わせた字。木をわったきれ、「いた」の意味を表す。

比

おん　ヒ
くん　くら-べる

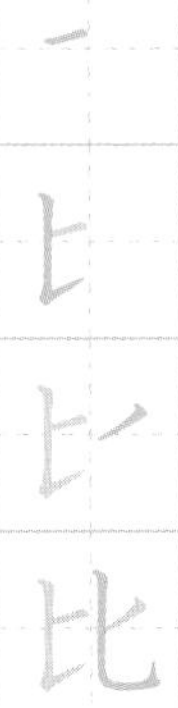

部首　比（ならびひ・くらべる）
画数　4画

角をつけずに曲げて上にはねる
ヒとしない

成り立ち

二人《ふたり》の人がぴったりとならんでいる様子からできた字。

肥

おん　ヒ
くん　こ-える・こえ
こ-やす・こ-やし

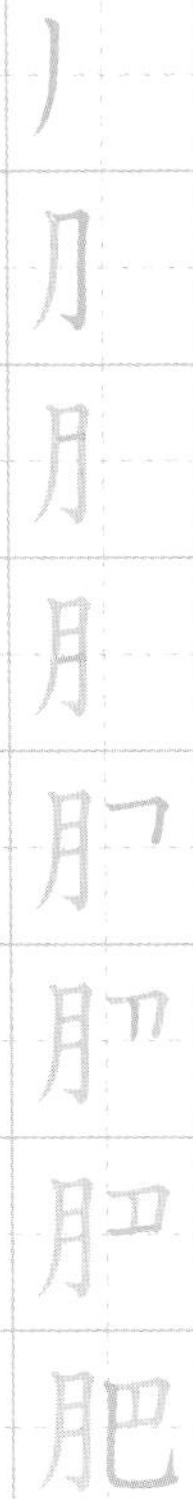

部首　月（にくづき）
画数　8画

角をつけずに曲げて上にはねる
はねる

注意点

書くときは、「巴」を「已」「己」としないように注意する。

使い方を覚えよう

①〜⑤の赤字の読みを送りがなもふくめて（　）に、⑥〜⑦の書きを□に、それぞれ書きなさい。

① 犯人がつかまる。（　　）
② 適切《てきせつ》な判断。（　　）
③ 版画を刷る。（　　）
④ 身長を比べる。（　　）
⑤ 肥料をまく。（　　）
⑥ 両者を□□（たいひ）する。
⑦ 舌《した》が□（こ）える。

答え
① はんにん　② はんだん　③ はんが　④ くらべる
⑤ ひりょう　⑥ 対比　⑦ 肥

ハ

非

とめる　軽くはらう

おん　ヒ

くん　―

部首　非（あらず）

画数　8画

成り立ち

鳥の羽が左右にそむき開いた様子からできた字。

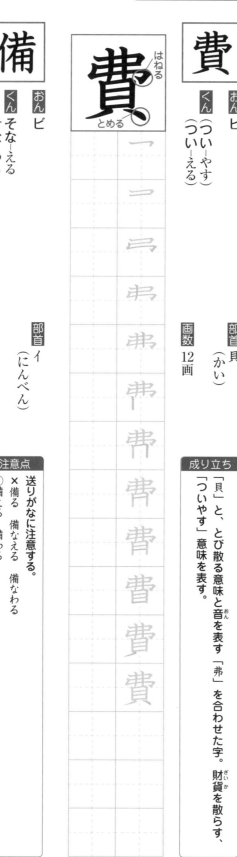

費

はねる　とめる

おん　ヒ

くん　（つい-やす）（つい-える）

部首　貝（かい）

画数　12画

成り立ち

「貝」と、とび散る意味と音《おん》を表す「弗」を合わせた字。財《ざい》貨《か》を散らす、「ついやす」意味を表す。

備

出す　はねる

おん　ビ

くん　そな-える　そな-わる

部首　亻（にんべん）

画数　12画

注意点

送りがなに注意する。

×備る　備なえる　備なわる

○備える　備わる

評

おん　ヒョウ
くん　―

部首　言（ごんべん）
画数　12画

点の打ち方に注意
点の向きに注意

、 亠 亠 言 言 言 言 訁 訂 訂 評 評

意味
「言」と「平」とで、公平に議ろんする意味を表す。

貧

おん　（ヒン）・ビン
くん　まず-しい

部首　貝（かい）
画数　11画

あける
はねる

ノ 八 分 分 分 谷 貧 貧 貧 貧 貧

成り立ち
「貝」（お金）と「分」（わかれる）とで、財産《ざいさん》が分散して「まずしい」意味を表す。

使い方を覚えよう

①〜⑤の赤字の読みを送りがなもふくめて（　）に、⑥〜⑦の書きを□に、それぞれ書きなさい。

①非常識な考え。（　　）
②費用がかかる。（　　）
③準備がととのう。（　　）
④評判がよい。（　　）
⑤貧ぼうな生活。（　　）

⑥心が□《まず》しい。
⑦災害《さいがい》に□《そな》える。

答え
①ひじょうしき　②ひよう　③じゅんび
④ひょうばん
⑤びん
⑥貧　⑦備

ハ

布

おん　フ
くん　ぬの

はねる

ノ ナ 木 右 布

部首　巾（はば）
画数　5画

意味
平らな「ぬの」の意味から、「しく」意味に用いる。

婦

おん　フ
くん　――

出さない
はねない

く 女 女 女' 女ヲ 女ヨ 女弓 婦 婦 婦 婦

部首　女（おんなへん）
画数　11画

注意点
書くときは、「ヨ」の部分の横ぼうをつき出さないように注意する。

武

おん　ブ・ム
くん　――

点をわすれずに
はねる

一 二 于 下 正 正 武 武

部首　止（とめる）
画数　8画

意味
武器《ぶき》を持って行進することを表した字で、「武力」の意味を表す。

復

おん　フク
くん　―
部首　彳（ぎょうにんべん）
画数　12画

イとしない　又としない

注意点
「複」と形が似《に》ているので注意する。

複

おん　フク
くん　―
部首　衤（ころもへん）
画数　14画

又としない　わすれずに

意味
衣《ころも》をかさねて着ることを表した字で、「かさなる」意味を表す。

使い方を覚えよう

①～⑤の赤字の読みを送りがなもふくめて（　）に、⑥～⑦の書きを□に、それぞれ書きなさい。

①毛布をかける。（　）
②婦人服売り場（　）
③江戸《えど》時代の武士。（　）
④道を往復する。（　）
⑤複数の意見。（　）
⑥ぬの□を買う。
⑦むしゃ□□人形をかざる。

答え
①もうふ　②ふじんふく　③ぶし　④おうふく　⑤ふくすう　⑥布　⑦武者

仏

とめる

おん　ブツ
くん　ほとけ

部首　亻（にんべん）
画数　4画

注意点
書くときは、「亻」を「彳」としないように注意する。

粉

くっつけない
はねる

おん　フン
くん　こ　こな

部首　米（こめへん）
画数　10画

成り立ち
「米」に「分」（わける）で、米をくだいたこなを表し、広く「こな」の意味に用いる。

編

はねない
はねる

おん　ヘン
くん　あ-む

部首　糸（いとへん）
画数　15画

意味
文字を書いた竹の札を糸でつづり合わせることを意味する字。「あむ」意味を表す。

弁

おん　ベン
くん　―

ム　ム　ム　弁　弁

部首　廾（きょう・こまぬき）
画数　5画

注意点
書くときは、「廾」を「卄」としないように注意する。

保

おん　ホ
くん　たも-つ

ノ　亻　亻　伻　伻　但　保　保　保

部首　亻（にんべん）
画数　9画

成り立ち

人が子どもにおむつを当ててせおっている様子からできた字。子を養う、「たもつ」意味に用いる。

使い方を覚えよう

①〜⑤の赤字の読みを送りがなもふくめて（　）に、⑥〜⑦の書きを□に、それぞれ書きなさい。

①大仏を見る。（　　　）
②ゆりの花粉。（　　　）
③マフラーを編む。（　　　）
④弁当を食べる。（　　　）
⑤動物を保護する。（　　　）

⑥本の□□《へんしゅう》。
⑦健康を□《たも》つ。

答え
①だいぶつ　②かふん　③あむ　④べんとう　⑤ほご　⑥編集　⑦保

ハ

墓

少し出す

おん　ボ
くん　はか

部首　土（つち）
画数　13画

成り立ち
「土」と、おおいかくす意味と音《おん》を表す「莫」を合わせた字。死人を土でおおいかくす「はか」の意味を表す。

報

フとしない
とめる

おん　ホウ
くん　（むく-いる）

部首　土（つち）
画数　12画

注意点
「服」と形が似ているので注意する。

豊

出す
長く

おん　ホウ
くん　ゆた-か

部首　豆（まめ）
画数　13画

意味
食器に食べ物をいっぱいにもる様子を表した字で、「ゆたか」の意味を表す。

防

おん　ボウ
くん　ふせ-ぐ

部首　阝（こざとへん）
画数　7画

意味
水をさえぎる土手を意味する字で、「ふせぐ」意味に用いる。

貿

おん　ボウ
くん　―

部首　貝（かい）
画数　12画

成り立ち
「貝」（お金）に、ひとしい意味と音《おん》を表す「卯」を合わせた字。お金と物を交かんする意味を表す。

使い方を覚えよう

①～⑤の赤字の読みを送りがなもふくめて（　）に、⑥～⑦の書きを□に、それぞれ書きなさい。

① 墓参りをする。（　　）
② 報道番組（　　）
③ 食べ物が豊富だ。（　　）
④ かぜを予防する。（　　）
⑤ 外国と貿易する。（　　）
⑥ 犯罪《はんざい》を□（ふせ）ぐ。
⑦ □（ゆた）かな土地。

答え
①はかまいり　②ほうどう　③ほうふ　④よぼう　⑤ぼうえき　⑥防　⑦豊

ハ

暴

おん　ボウ・（バク）
くん　（あば-く）　あば-れる
部首　日（ひ）
画数　15画

水としない

注意点
送りがなに注意する。
×暴る　暴ばれる
○暴れる

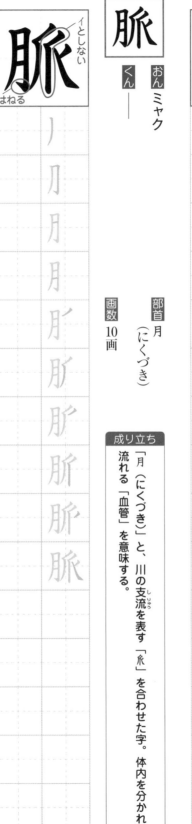

脈

おん　ミャク
くん　――
部首　月（にくづき）
画数　10画

イとしない
はねる

成り立ち
「月（にくづき）」と、川の支流《しりゅう》を表す「𠂢」を合わせた字。体内を分かれ流れる「血管」を意味する。

務

おん　ム
くん　つと-める　つと-まる
部首　力（ちから）
画数　11画

夂としない
やや丸みをつけてはねる

注意点
「務」と「努」を区別し、使い方に注意する。
・クラス委員を務める。
・勉強に努める。

夢

おん　ム
くん　ゆめ
部首　夕（ゆう・ゆうべ）
画数　13画

四としない

注意点
部首が「夕（ゆう・ゆうべ）」であることに注意する。

迷

おん　（メイ）
くん　まよ-う
部首　辶（しんにょう・しんにゅう）
画数　9画

点の打ち方に注意
とめる

意味
行く先が暗く「まよう」意味を表す。

使い方を覚えよう

①～⑤の赤字の読みを送りがなもふくめて（　）に、⑥～⑦の書きを□に、それぞれ書きなさい。

① 暴力に反対する。（　　）
② 脈を打つ。（　　）
③ 職務を果たす。（　　）
④ 読書に夢中だ。（　　）
⑤ 道に迷う。（　　）
⑥ □《ゆめ》を見る。
⑦ 司会を□《つと》める。

答え
①ぼうりょく　②みゃく　③しょくむ　④むちゅう　⑤まよう　⑥夢　⑦務

ハ
マ

綿

はねない　はねる

おん　メン

くん　わた

部首　糸（いとへん）

画数　14画

注意点

「線」と形が似《に》ているので注意する。

輸

はねる

おん　ユ

くん　——

部首　車（くるまへん）

画数　16画

注意点

「輪」と形が似ているので注意する。

余

とめる　はねる

おん　ヨ

くん　あま-る　あま-す

部首　人（ひとがしら）

画数　7画

注意点

送りがなに注意する。

×余まる　余ます

○余る　余す

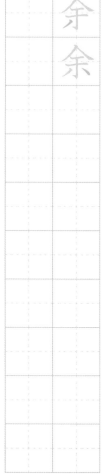

容

おん　ヨウ
くん　―

部首　宀（うかんむり）
画数　10画

まっすぐ下につける

注意点
「客」「寄《き》」と形が似ているので注意する。

略

おん　リャク
くん　―

部首　田（たへん）
画数　11画

夂としない

成り立ち
「田」に、区切る意味と音《おん》を表す「各」を合わせた字。田を区切り、耕地《こうち》をおさめる意味を表す。

使い方を覚えよう

①～⑤の赤字の読みを送りがなもふくめて（　）に、⑥～⑦の書きを□に、それぞれ書きなさい。

①綿のハンカチ。（　）
②車を輸出する。（　）
③余生を送る。（　）
④話の内容。（　）
⑤説明を省略する。（　）

⑥お金が□《あま》る。
⑦□□《ようりょう》が大きい。

答え
①めん　②ゆしゅつ
③よせい
④ないよう
⑤しょうりゃく
⑥余　⑦容量

留

おん　リュウ・ル

くん　と-める　と-まる

力としない
わすれずに

部首　田（た）

画数　10画

意味
耕地《こうち》に作物をかこうことを意味する字で、「とどめる」意味に用いる。

領

おん　リョウ

くん　―

とめる
とめる

部首　頁（おおがい）

画数　14画

注意点
部首が「頁（おおがい）」であることに注意する。

使い方を覚えよう

①～⑤の赤字の読みを送りがなもふくめて（　）に、⑥～⑦の書きを□に、それぞれ書きなさい。

①目に留める。（　　　）

②国の領土。（　　　）

③約束を保留する。（　　　）

④妹は要領がよい。（　　　）

⑤家を留守にする。（　　　）

⑥海外に□□《りゅうがく》する。

⑦アメリカの□□□《だいとうりょう》。

答え
①とめる　②りょうど　③ほりゅう　④ようりょう　⑤るす　⑥留学　⑦大統領

歴

おん　レキ

くん　―

部首　止（とめる）

画数　14画

注意点

部首が「止（とめる）」であることに注意する。

歴　とめる

使い方を覚えよう

①～⑤の赤字の読みを送りがなもふくめて（　）に、⑥～⑦の書きを□に、それぞれ書きなさい。

①歴史を学ぶ。（　　）

②歴史的な事件《じけん》。（　　）

③歴代の記録。（　　）

④社歴が二十年をこえる。（　　）

⑤要職を歴任した。（　　）

⑥□□《けいれき》をいつわる。

⑦□□《がくれき》を記す。

答え

①れきし　②れきしてき　③れきだい　④しゃれき　⑤れきにん　⑥経歴　⑦学歴

復習ドリル④

1 ——部の漢字の読みがなを書きましょう。（1問4点／10問）

① 一人《ひとり》で留守番をする。（　　）

② 貧しい国に対してえん助を行う。（　　）

③ たんぽぽの綿毛が飛んでいく。（　　）

④ ドラマの続編を制作《せいさく》する。（　　）

⑤ ばく大な費用がかかる。（　　）

⑥ かれは表情《ひょうじょう》が豊かな人だ。（　　）

⑦ 墓前に花をそなえる。（　　）

⑧ 自分の非運をなげく。（　　）

⑨ 田んぼに農薬を散布する。（　　）

⑩ 世界で高く評価される。（　　）

答え→94ページ

点

2 次の□の中に漢字を入れましょう。

（1問5点／12問）

① 家庭での生活態度《たいど》を□□《ほうこく》する。

② □□《よぶん》なものをすてる。

③ けがをして□□□《ほけんしつ》に行く。

④ 学校の□□《びひん》を貸《か》しだす。

⑤ 本を□□《しゅっぱん》する。

⑥ □□□《しょうぼうしゃ》が現場《げんば》に着く。

⑦ この問題を解《と》くのは□□《ようい》ではない。

⑧ 植物に□《こ》やしをやる。

⑨ あたえられた□□《にんむ》を果たす。

⑩ 二つの作品を□□《たいひ》する。

⑪ 病気が治り、職場《しょくば》に□□《ふっき》する。

⑫ □□《ふくざつ》にからみあった問題。

学年総復習テスト

答え↓95ページ

点

1 ——部の漢字を正しく書き直しましょう。（1問3点／3問）

① みんなの前で自分の意見を述べる。

② 災害にみまわれる。

③ おかしを均等に分ける。

2 筆順の正しいほうに○をつけましょう。（1問3点／3問）

① 比　ア 一・ヒ・ヒ・比　イ 一・ト・ヒ・比・比

② 布　ア 一・ナ・ 才・右・布　イ ノ・ナ・ 才・右・布

③ 犯　ア ノ・ク・犭・犭・犯・犯　イ ノ・犭・犭・犭・犯・犯

3 次の文に当てはまる漢字はどちらですか。○で囲《かこ》みましょう。（1問3点／4問）

① 学校の｛政・制｝服。

② ｛久・旧｝友に会う。

③ 機械の｛設・接｝置。

④ ｛率・卒｝先して動く。

4 次のじゅく語はまちがった漢字が使われています。正しい漢字に直して、じゅく語全体を書きましょう。（1問3点／6問）

① 組織《そしき》→

② 復雑《ふくざつ》→

③ 会義《かいぎ》→

④ 輸出《ゆしゅつ》→

⑤ 講造《こうぞう》→

⑥ 経検《けいけん》→

5 ――部の漢字の使い方の正しいほうに○をつけましょう。（1問3点／5問）

① ア（　）新しい社員を採る。
　イ（　）新しい社員を取る。

② ア（　）試合に破れる。
　イ（　）試合に敗れる。

③ ア（　）算数の問題を解く。
　イ（　）算数の問題を説く。

④ ア（　）部屋の中が暑い。
　イ（　）部屋の中が厚い。

⑤ ア（　）学校の規測を守る。
　イ（　）学校の規則を守る。

6 □の中には、それぞれ同じ部首が入ります。□の中に書きましょう。（1問3点／4問）

① □生・□貫
② 干□・半□
③ □蒦・□射
④ □支・□妥

7 次の――部の言葉を漢字に直し、送りがなを正しく書きましょう。（1問3点／3問）

① 医者の道をこころざす。（　　）
② 本当かどうかたしかめる。（　　）
③ こころよい風がふく。（　　）

8 次の四字のじゅく語に当たる言葉を、あとの〔　〕の中から選んで、漢字で書きましょう。（1問4点／4問）

① 言語□□
② □□絶命
③ □□関係
④ 自画□□

〔ぜったい・いんが・じさん・どうだん〕

復習ドリル①
26～27ページ

1 ①かこう ②えんぜつ ③しゅうい ④かけつ ⑤かんようく ⑥あつりょく ⑦いんが ⑧なが ⑨うつ ⑩かくしん

2 ①基地 ②衛生 ③営業 ④価格 ⑤着眼点 ⑥刊行 ⑦事件 ⑧有益 ⑨軽快 ⑩過 ⑪雪解 ⑫往来

おうちのかたへ

1④「可決《かけつ》」とは、会議などに出された議案をよいとみとめて、その通りに決めることです。

2②「衛星《えいせい》」と使い分けるようにしましょう。

⑫「往来《おうらい》」とは、行ったり来たりすることです。「往」には「行く」という意味があります。

復習ドリル②
48～49ページ

1 ①さらいねん ②けっこう ③えだわ ④きしゅくしゃ ⑤さんどう ⑥きょうじゅ ⑦こんごう ⑧つみ ⑨ししゅつ ⑩めいじ

2 ①講習会 ②検査 ③史実 ④夫妻 ⑤採集 ⑥似顔絵 ⑦修理 ⑧教師 ⑨雑草 ⑩資質 ⑪酸味 ⑫謝意

おうちのかたへ

1①「さいらいねん」と読まないようにしましょう。「再」には、「サイ」「サ」という二つの音読みがあります。

⑩「明示《めいじ》」は、はっきりと示《しめ》すことです。

2⑫「謝意《しゃい》」とは、お礼やおわびの気持ちのことです。

復習ドリル③
70～71ページ

1 ①せいじょう ②そうりょく ③ざいせい ④せいふく ⑤しんじょう ⑥こうせき ⑦しょくぎょう ⑧たいしょう ⑨せいしん ⑩うんせい

2 ①接近 ②質素 ③建築物 ④減税 ⑤消毒 ⑥招待状 ⑦設立 ⑧重責 ⑨賞金 ⑩絶賛 ⑪織物 ⑫条文

おうちのかたへ

1②「総力《そうりょく》」とは、持っているすべての力ということです。

2⑥「状」の「丬」を、「犭」としないように注意しましょう。

⑫「条文《じょうぶん》」とは、法りつなどのか条《じょう》書《が》きの文章のことです。

復習ドリル④
90～91ページ

1 ①るすばん ②まず ③わたげ ④ぞくへん ⑤ひよう ⑥ゆた ⑦ぼぜん ⑧ひうん ⑨さんぷ ⑩ひょうか

2 ①報告 ②余分 ③保健室 ④備品 ⑤出版 ⑥消防車 ⑦容易 ⑧肥 ⑨任務 ⑩対比 ⑪復帰 ⑫複雑

おうちのかたへ

1①「留」には、「リュウ」という音読みもあります。「リュウ」と読む漢字には、「保留」「残留」などがあります。

2⑪・⑫「復」は、「もどる・もう一

度する」という意味。「複」は、「かさなる・いりくむ」という意味です。

学年総復習テスト

92〜93ページ

1 ①述　②災　③均

2 ①ア　②イ　③イ

3 ①制　②旧　③設　④率

4 ①組織　②複雑　③会議
④輸出　⑤構造　⑥経験

5 ①ア　②イ　③ア　④ア　⑤イ

6 ①忄　②刂　③言　④木

7 ①志す　②確かめる　③快い

8 ①道断　②絶体　③因果　④自賛

おうちのかたへ

5 ①「取る」と「採《と》る」の使い分けは「採用《さいよう》」「採決」「採血」などのじゅく語を参考にしましょう。「決を採る」「血液を採る」なども「採」を使います。

8 ①「言語道断《ごんごどうだん》」は、きちんと読めるようにしておきましょう。「げんごどうだん」と読みまちがえることが多いので注意します。

②「絶対」としないように注意しましょう。

④「自画自賛《じがじさん》」とは、自分で自分のしたことをほめることです。